Viel Glück

Glück ist ...

... in allem das Liebenswerte
zu erkennen.

Glück ist ...

... sein Glück mit anderen zu teilen.

Glück ist …

… Danke zu sagen,
schon bevor es
einen Grund dafür gibt.

Glück ist …

… mit sonnigem Gemüt
im Regen zu tanzen.

Glück ist …

… auf die Unterstützung von guten Freunden vertrauen zu können.

Glück ist …

… zu wissen, dass
selbst hinter dunkelsten Wolken
die Sonne für uns scheint.

Glück ist ...

... zu lieben,
ohne etwas dafür zu erwarten.

Glück ist ...

... sich von einem Kind
die Welt zeigen zu lassen.

Glück ist …

… einem lieben Menschen
ganz nahe zu sein.

Glück ist ...

... anderen Freude zu machen.

Glück ist …

… jemanden zu trösten.

Glück ist ...

... sich Zeit für sich selbst zu nehmen.

Glück ist ...

... ein Lächeln zu verschenken.

Glück ist ...

... den wahren Reichtum
in der Bescheidenheit zu erkennen.

Glück ist …

… mit lieben Freunden zu lachen
und gemeinsam Spaß zu machen.

Glück ist ...

... sich selbst zu lieben,
so wie man ist.

Glück ist …

… sich mit anderen zu freuen.

1
8
3

Mehr L(i)ebenswertes von „Oups"
finden Sie unter:

www.oups.com